La table de multiplication complète

	1	2	3	4	5	6	7	8	9
1	1	2	3	4	5	6	7	8	9
2	2	4	6	8	10	12	14	16	18
3	3	6	9	12	15	18	21	24	27
4	4	8	12	16	20	24	28	32	36
5	5	10	15	20	25	30	35	40	45
6	6	12	18	24	30	36	42	48	54
7	7	14	21	28	35	42	49	56	63
8	8	16	24	32	40	48	56	64	72
9	9	18	27	36	45	54	63	72	81

Jour 1 : La table de 1

$$1 \times 1 = 1$$
$$1 \times 2 = 2$$
$$1 \times 3 = 3$$
$$1 \times 4 = 4$$
$$1 \times 5 = 5$$
$$1 \times 6 = 6$$
$$1 \times 7 = 7$$
$$1 \times 8 = 8$$
$$1 \times 9 = 9$$

La plus simple des tables, multiplier par « 1 » ne change pas le chiffre.

1x7=	1x3=	1x5=
1x1=	1x8=	1x3=
1x8=	1x6=	1x4=
1x9=	1x1=	1x7=
1x5=	1x1=	1x2=
1x3=	1x4=	1x5=
1x9=	1x8=	1x3=
1x7=	1x5=	1x1=
1x4=	1x2=	1x8=
1x3=	1x6=	1x5=

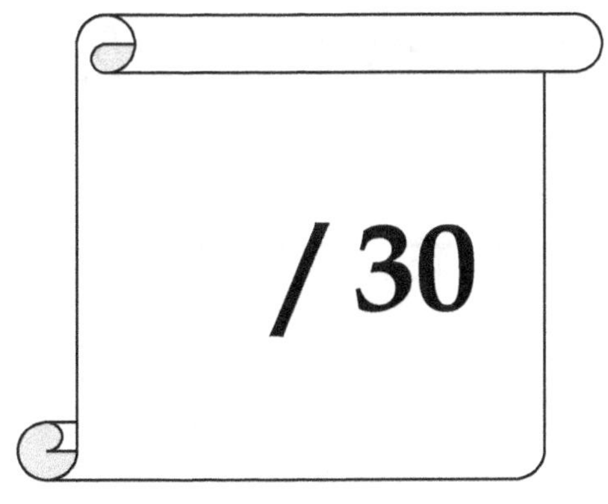

Jour 2 : La table de 2

2x1=2

2x2=4

2x3=6

2x4=8

2x5=10

2x6=12

2x7=14

2x8=16

2x9=18

Si tu connais la table de « 2 », tu sais compter 2 par 2 !

2x7=	2x3=	2x5=
2x4=	2x8=	2x3=
2x2=	2x5=	2x4=
2x9=	2x8=	2x7=
2x5=	2x1=	2x2=
2x3=	2x4=	2x5=
2x1=	2x8=	2x3=
2x7=	2x5=	2x9=
2x4=	2x2=	2x8=
2x3=	2x6=	2x5=

/ 30

Jour 3 : La table de 3

3x1=3

3x2=6

3x3=9

3x4=12

3x5=15

3x6=18

3x7=21

3x8=24

3x9=27

3x9=	3x3=	3x5=
3x4=	3x8=	3x3=
3x1=	3x5=	3x4=
3x2=	3x8=	3x7=
3x5=	3x9=	3x1=
3x3=	3x4=	3x5=
3x9=	3x8=	3x2=
3x7=	3x5=	3x3=
3x4=	3x1=	3x8=
3x3=	3x6=	3x5=

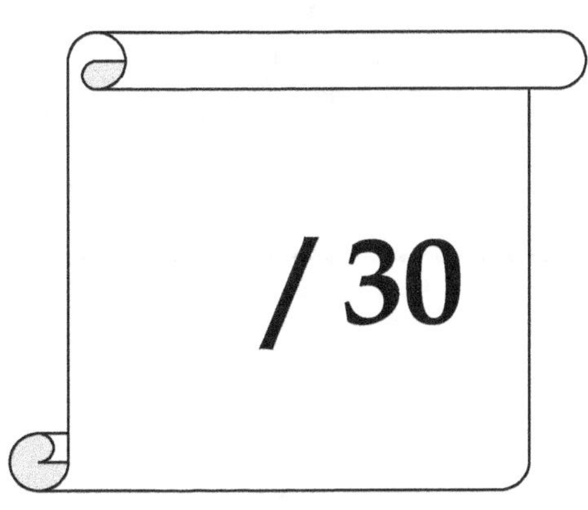

/ 30

Jour 4 : La table de 4

$4 \times 1 = 4$

$4 \times 2 = 8$

$4 \times 3 = 12$

$4 \times 4 = 16$

$4 \times 5 = 20$

$4 \times 6 = 24$

$4 \times 7 = 28$

$4 \times 8 = 32$

$4 \times 9 = 36$

Pour multiplier par « 4 », il faut multiplier par 2, 2 fois

4x9=	4x3=	4x5=
4x1=	4x8=	4x1=
4x9=	4x5=	4x8=
4x2=	4x8=	4x7=
4x5=	4x1=	4x8=
4x4=	4x7=	4x5=
4x3=	4x8=	4x2=
4x7=	4x5=	4x1=
4x4=	4x9=	4x8=
4x2=	4x6=	4x5=

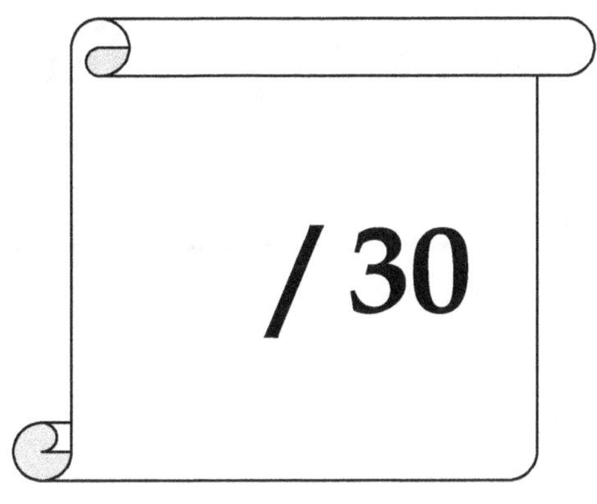

/ 30

Jour 5 : La table de 5

$$5 \times 1 = 5$$
$$5 \times 2 = 10$$
$$5 \times 3 = 15$$
$$5 \times 4 = 20$$
$$5 \times 5 = 25$$
$$5 \times 6 = 30$$
$$5 \times 7 = 35$$
$$5 \times 8 = 40$$
$$5 \times 9 = 45$$

Le résultat d'une multiplication par 5 termine toujours par 0 ou par 5

5x9=   5x5=   5x4=

5x1=   5x8=   5x1=

5x3=   5x5=   5x8=

5x2=   5x8=   5x7=

5x4=   5x1=   5x8=

5x5=   5x7=   5x5=

5x9=   5x8=   5x2=

5x7=   5x5=   5x1=

5x5=   5x3=   5x8=

5x2=   5x6=   5x4=

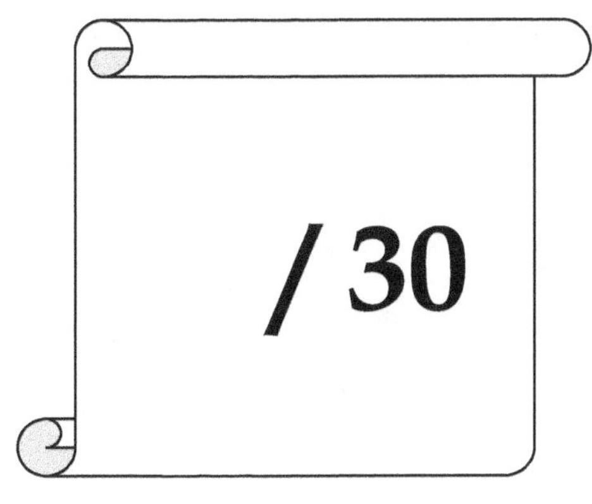

Jour 6 : La table de 6

6x1=6

6x2=12

6x3=18

6x4=24

6x5=30

6x6=36

6x7=42

6x8=48

6x9=54

6x9=	6x5=	6x4=
6x1=	6x8=	6x1=
6x9=	6x6=	6x8=
6x2=	6x8=	6x7=
6x4=	6x1=	6x8=
6x6=	6x7=	6x5=
6x9=	6x8=	6x2=
6x7=	6x5=	6x1=
6x6=	6x9=	6x8=
6x2=	6x3=	6x4=

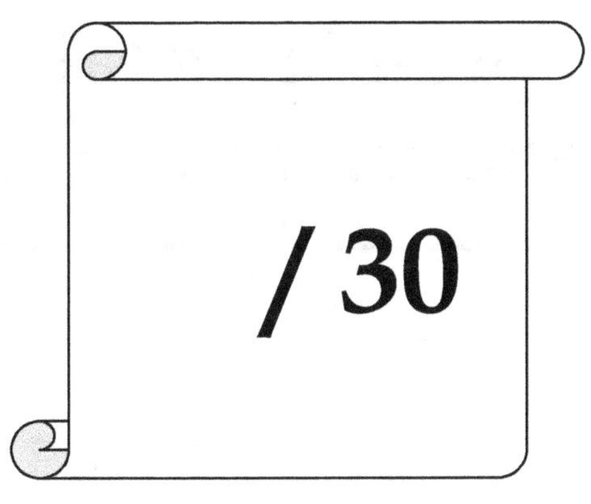

Jour 7 : La table de 7

7x1=7

7x2=14

7x3=21

7x4=28

7x5=35

7x6=42

7x7=49

7x8=56

7x9=63

5x7=35 mais 7x5=35 aussi. Comme tu connais les 6 premières tables, tu n'as plus beaucoup à apprendre !

A toi de jouer !

7x9=	7x5=	7x4=
7x1=	7x8=	7x1=
7x9=	7x7=	7x8=
7x2=	7x8=	7x6=
7x4=	7x1=	7x8=
7x3=	7x6=	7x1=
7x9=	7x8=	7x2=
7x3=	7x5=	7x1=
7x6=	7x9=	7x8=
7x2=	7x7=	7x4=

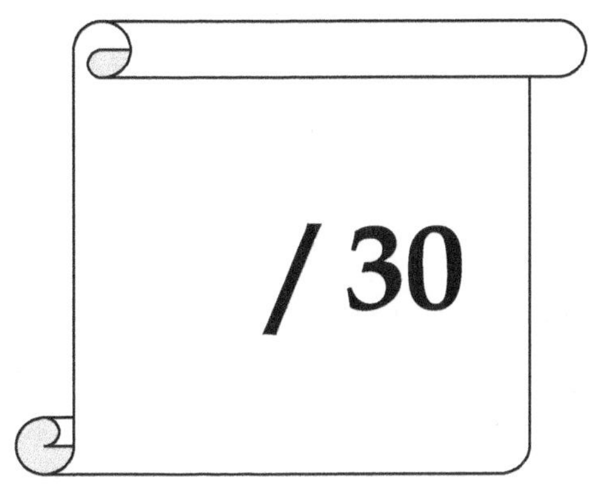

Jour 8 : La table de 8

8x1=8

8x2=16

8x3=24

8x4=32

8x5=40

8x6=48

8x7=56

8x8=64

8x9=72

8x9=	8x5=	8x4=
8x1=	8x8=	8x1=
8x9=	8x3=	8x8=
8x2=	8x7=	8x6=
8x4=	8x1=	8x3=
8x8=	8x6=	8x1=
8x9=	8x7=	8x2=
8x8=	8x5=	8x1=
8x6=	8x9=	8x8=
8x2=	8x7=	8x4=

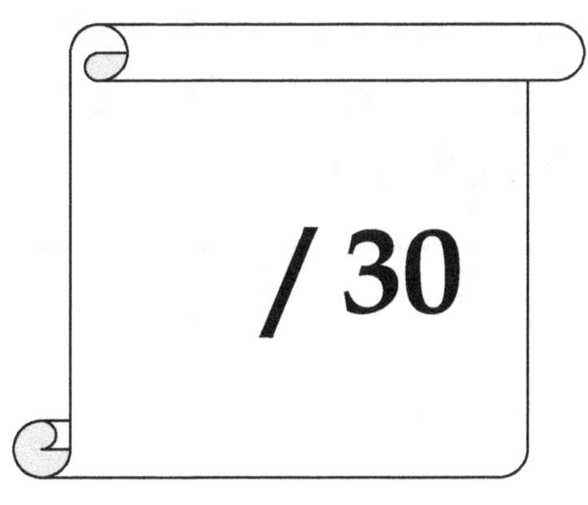

Jour 9 : La table de 9

9x1=9

9x2=18

9x3=27

9x4=36

9x5=45

9x6=54

9x7=63

9x8=72

9x9=81

Compte avec tes doigts ! Pour faire 9x5, mets tes deux mains côte à côte, baisse le 5ième doigt. Il en reste 4 à gauche et 5 à droite. Donc 9x5= 45

Test avec les autres chiffes !

9x8=	9x5=	9x4=
9x1=	9x9=	9x1=
9x8=	9x3=	9x9=
9x2=	9x7=	9x6=
9x4=	9x1=	9x3=
9x9=	9x6=	9x1=
9x9=	9x7=	9x2=
9x9=	9x5=	9x8=
9x6=	9x1=	9x9=
9x2=	9x7=	9x4=

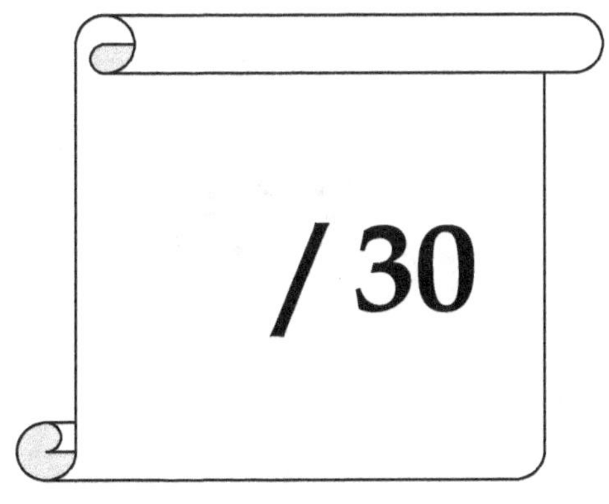

Jour 10 : Entrainement !

3 x 1 =	8 x 6 =	6 x 1 =
7 x 7 =	6 x 1 =	6 x 3 =
4 x 6 =	4 x 9 =	9 x 8 =
6 x 3 =	9 x 2 =	1 x 9 =
3 x 5 =	8 x 2 =	8 x 9 =
8 x 7 =	3 x 2 =	3 x 2 =
7 x 5 =	7 x 5 =	2 x 1 =
5 x 9 =	5 x 4 =	1 x 1 =
1 x 2 =	2 x 2 =	3 x 7 =
8 x 3 =	6 x 4 =	3 x 6 =

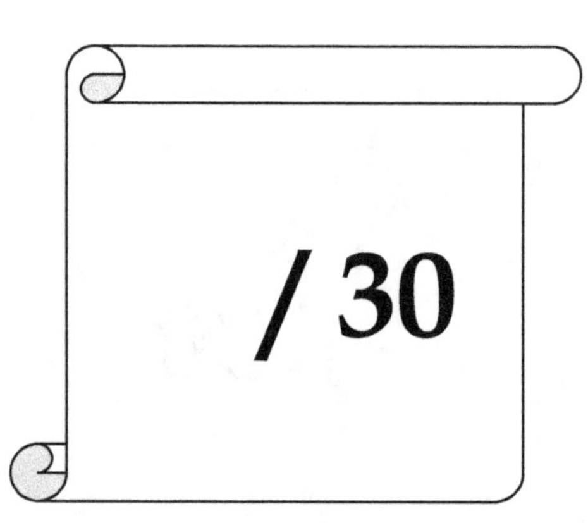

Jour 11 : Entrainement !

2 x 6 =	9 x 9 =	5 x 1 =
9 x 3 =	4 x 3 =	7 x 1 =
2 x 4 =	2 x 7 =	5 x 8 =
7 x 2 =	5 x 7 =	5 x 2 =
6 x 6 =	5 x 6 =	9 x 5 =
4 x 5 =	9 x 4 =	3 x 3 =
9 x 5 =	8 x 9 =	7 x 5 =
8 x 4 =	7 x 4 =	1 x 1 =
7 x 1 =	4 x 8 =	1 x 9 =
4 x 7 =	9 x 1 =	1 x 4 =

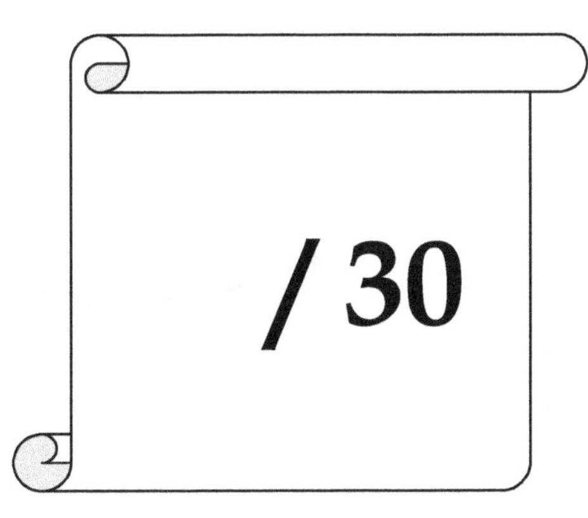

Jour 12 : Entrainement !

1 x 5 =	7 x 4 =	9 x 9 =
9 x 6 =	1 x 5 =	6 x 1 =
3 x 7 =	3 x 9 =	5 x 3 =
4 x 2 =	1 x 1 =	8 x 8 =
1 x 8 =	7 x 4 =	9 x 3 =
4 x 4 =	9 x 9 =	1 x 5 =
6 x 6 =	6 x 1 =	9 x 2 =
5 x 5 =	4 x 7 =	2 x 5 =
3 x 1 =	3 x 6 =	3 x 8 =
8 x 8 =	3 x 2 =	2 x 2 =

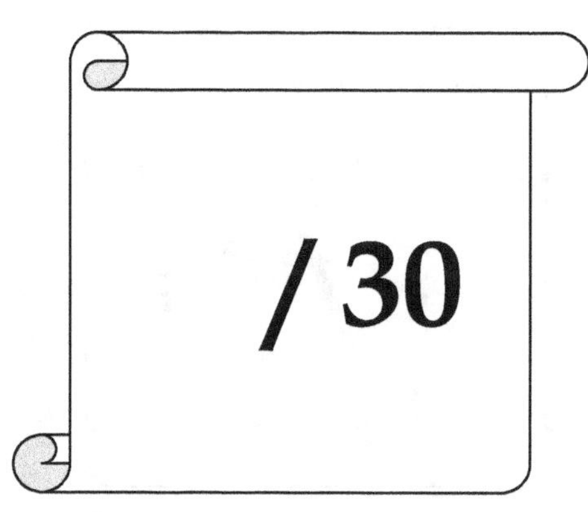

/ 30

Jour 13 : Entrainement !

7 x 7 =	3 x 1 =	8 x 4 =
4 x 5 =	3 x 7 =	6 x 7 =
6 x 5 =	2 x 3 =	2 x 1 =
4 x 8 =	7 x 4 =	5 x 3 =
9 x 5 =	5 x 7 =	1 x 8 =
5 x 2 =	6 x 7 =	2 x 3 =
3 x 7 =	3 x 1 =	6 x 9 =
8 x 9 =	3 x 7 =	5 x 5 =
4 x 7 =	8 x 7 =	6 x 9 =
5 x 3 =	3 x 4 =	3 x 5 =

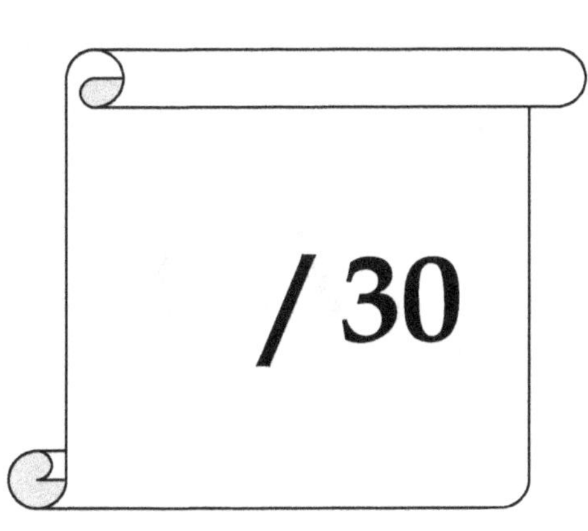

/ 30

Jour 14 : Entrainement !

2 x 3 =	6 x 6 =	8 x 8 =
1 x 1 =	7 x 2 =	6 x 1 =
8 x 3 =	2 x 5 =	4 x 4 =
8 x 1 =	9 x 4 =	6 x 5 =
4 x 3 =	7 x 2 =	5 x 8 =
4 x 5 =	6 x 4 =	8 x 5 =
8 x 2 =	2 x 9 =	4 x 1 =
9 x 8 =	4 x 6 =	9 x 8 =
5 x 8 =	4 x 9 =	9 x 3 =
6 x 4 =	2 x 3 =	2 x 6 =

Jour 15 : Entrainement !

3 x 5 =	6 x 9 =	3 x 5 =
8 x 1 =	4 x 7 =	5 x 3 =
6 x 1 =	2 x 3 =	6 x 5 =
4 x 9 =	2 x 6 =	9 x 8 =
6 x 9 =	6 x 1 =	2 x 3 =
1 x 4 =	4 x 6 =	6 x 1 =
7 x 4 =	6 x 5 =	8 x 1 =
5 x 9 =	5 x 6 =	2 x 2 =
3 x 7 =	3 x 3 =	8 x 6 =
5 x 6 =	4 x 4 =	3 x 3 =

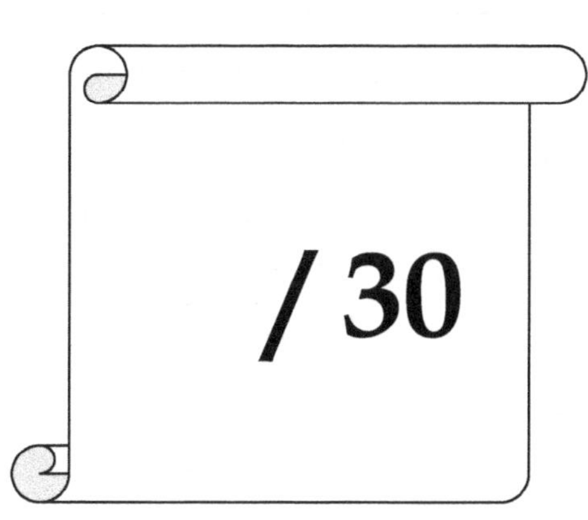

Jour 16 : Entrainement !

2 x 6 =	1 x 3 =	1 x 1 =
4 x 4 =	6 x 9 =	5 x 8 =
2 x 3 =	4 x 6 =	1 x 7 =
3 x 2 =	2 x 7 =	9 x 2 =
5 x 3 =	5 x 2 =	7 x 7 =
7 x 5 =	6 x 8 =	7 x 3 =
8 x 1 =	3 x 7 =	8 x 7 =
3 x 9 =	1 x 9 =	2 x 5 =
2 x 4 =	3 x 9 =	6 x 2 =
2 x 7 =	6 x 6 =	2 x 3 =

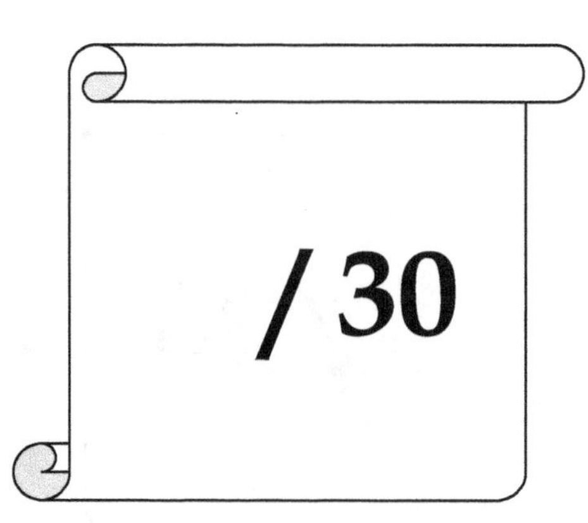

Jour 17 : Entrainement !

5 x 2 =	1 x 6 =	5 x 4 =
3 x 7 =	9 x 1 =	8 x 9 =
5 x 7 =	8 x 9 =	9 x 2 =
1 x 6 =	6 x 2 =	4 x 6 =
5 x 4 =	5 x 8 =	2 x 2 =
4 x 3 =	4 x 1 =	3 x 7 =
2 x 9 =	8 x 7 =	8 x 6 =
3 x 7 =	1 x 4 =	5 x 9 =
8 x 9 =	2 x 5 =	1 x 3 =
3 x 6 =	5 x 3 =	2 x 5 =

/ 30

Jour 18 : Entrainement !

5 x 4 =	1 x 4 =	6 x 7 =
8 x 7 =	2 x 2 =	7 x 1 =
7 x 1 =	5 x 5 =	3 x 9 =
6 x 4 =	1 x 6 =	3 x 6 =
9 x 3 =	1 x 4 =	8 x 6 =
1 x 7 =	5 x 3 =	9 x 1 =
3 x 4 =	5 x 7 =	7 x 9 =
9 x 6 =	3 x 6 =	9 x 1 =
9 x 7 =	1 x 3 =	7 x 8 =
8 x 2 =	9 x 5 =	7 x 7 =

/ 30

Jour 19 : Entrainement !

8 x 5 =	7 x 1 =	3 x 4 =
6 x 4 =	6 x 1 =	7 x 1 =
9 x 5 =	1 x 8 =	4 x 7 =
6 x 7 =	4 x 8 =	8 x 2 =
5 x 6 =	8 x 7 =	4 x 1 =
1 x 1 =	7 x 1 =	7 x 4 =
4 x 8 =	1 x 8 =	8 x 4 =
5 x 2 =	7 x 8 =	6 x 5 =
5 x 7 =	5 x 1 =	9 x 8 =
9 x 1 =	7 x 8 =	3 x 9 =

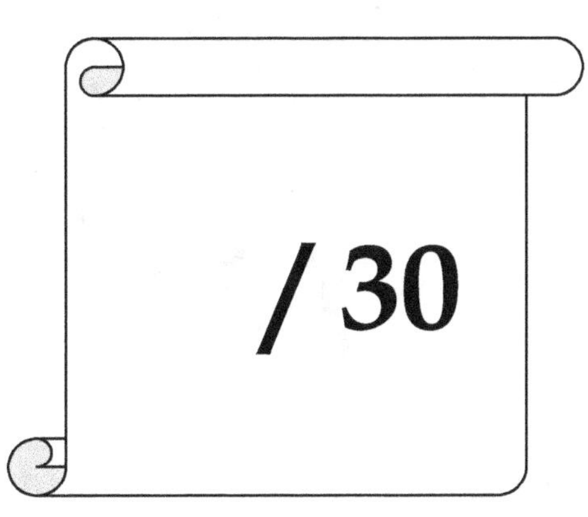

/ 30

6 x 7 =	1 x 5 =	3 x 6 =
5 x 4 =	6 x 5 =	4 x 5 =
1 x 4 =	1 x 5 =	9 x 6 =
2 x 6 =	1 x 6 =	1 x 6 =
9 x 5 =	3 x 5 =	2 x 2 =
4 x 7 =	6 x 1 =	1 x 4 =
8 x 7 =	6 x 8 =	8 x 8 =
3 x 6 =	7 x 3 =	8 x 4 =
3 x 1 =	2 x 7 =	1 x 4 =
3 x 7 =	7 x 3 =	6 x 1 =

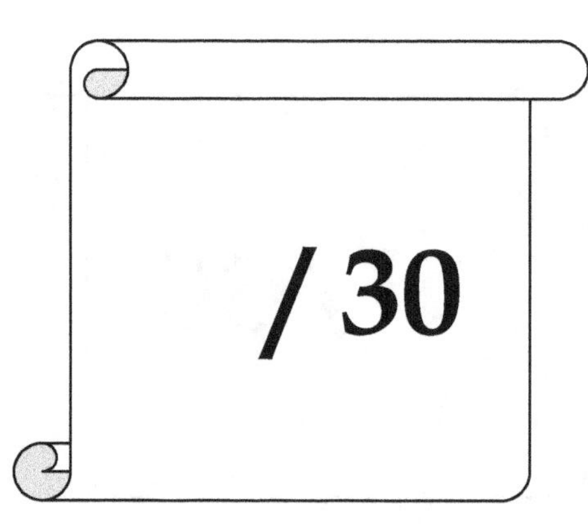

/ 30

Jour 21 : Entrainement !

8 x 9 =	5 x 7 =	3 x 7 =
8 x 8 =	2 x 6 =	9 x 8 =
3 x 6 =	6 x 6 =	5 x 9 =
6 x 7 =	6 x 5 =	2 x 1 =
8 x 4 =	7 x 6 =	4 x 9 =
9 x 4 =	8 x 7 =	6 x 3 =
2 x 9 =	6 x 7 =	6 x 2 =
2 x 6 =	4 x 6 =	3 x 7 =
2 x 2 =	7 x 3 =	3 x 3 =
2 x 6 =	3 x 4 =	8 x 5 =

/ 30

Jour 22 : Entrainement !

1 x 6 =	4 x 1 =	1 x 9 =
4 x 1 =	1 x 8 =	2 x 5 =
2 x 1 =	2 x 1 =	9 x 2 =
3 x 9 =	7 x 6 =	4 x 1 =
1 x 2 =	4 x 3 =	2 x 3 =
4 x 3 =	1 x 6 =	3 x 3 =
1 x 4 =	8 x 7 =	7 x 1 =
7 x 2 =	8 x 9 =	9 x 4 =
5 x 4 =	1 x 8 =	7 x 8 =
6 x 5 =	8 x 8 =	8 x 9 =

/ 30

Jour 23 : Entrainement !

2 x 8 =	4 x 9 =	9 x 3 =
8 x 6 =	6 x 7 =	6 x 1 =
5 x 3 =	5 x 7 =	4 x 4 =
2 x 3 =	7 x 6 =	2 x 6 =
3 x 2 =	7 x 4 =	2 x 1 =
9 x 2 =	8 x 1 =	8 x 6 =
5 x 6 =	1 x 7 =	3 x 9 =
5 x 4 =	9 x 3 =	1 x 1 =
8 x 6 =	8 x 7 =	1 x 3 =
4 x 8 =	2 x 5 =	5 x 5 =

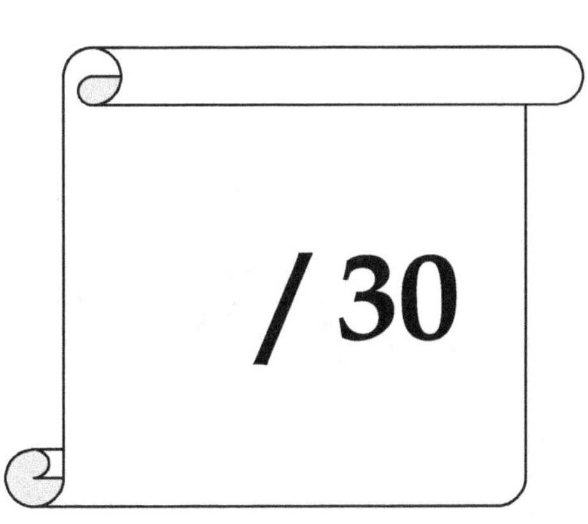

Jour 24 : Entrainement !

2 x 5 =	8 x 6 =	7 x 1 =
9 x 3 =	1 x 3 =	3 x 5 =
5 x 9 =	5 x 8 =	9 x 1 =
5 x 8 =	4 x 8 =	4 x 4 =
5 x 8 =	1 x 9 =	1 x 7 =
3 x 1 =	7 x 8 =	5 x 7 =
8 x 3 =	3 x 3 =	1 x 5 =
9 x 1 =	2 x 1 =	9 x 8 =
3 x 3 =	9 x 7 =	2 x 3 =
9 x 7 =	2 x 4 =	7 x 9 =

/ 30

Jour 25 : Entrainement !

4 x 1 =	8 x 8 =	9 x 5 =
5 x 9 =	5 x 5 =	9 x 1 =
9 x 7 =	2 x 6 =	6 x 7 =
3 x 2 =	3 x 2 =	9 x 7 =
6 x 6 =	5 x 3 =	2 x 5 =
5 x 8 =	8 x 9 =	1 x 9 =
1 x 9 =	6 x 2 =	2 x 6 =
5 x 9 =	7 x 3 =	5 x 4 =
1 x 4 =	8 x 5 =	3 x 7 =
1 x 1 =	7 x 8 =	4 x 4 =

Jour 26 : Entrainement !

6 x 6 =	1 x 3 =	1 x 6 =
6 x 3 =	3 x 9 =	5 x 8 =
9 x 9 =	7 x 3 =	8 x 5 =
4 x 1 =	7 x 2 =	2 x 5 =
3 x 3 =	2 x 9 =	3 x 9 =
4 x 6 =	3 x 3 =	3 x 4 =
7 x 2 =	4 x 6 =	7 x 5 =
7 x 5 =	6 x 3 =	5 x 1 =
4 x 6 =	4 x 5 =	4 x 6 =
1 x 5 =	8 x 7 =	4 x 1 =

Jour 27 : Entrainement !

7 x 9 =	2 x 1 =	7 x 8 =
6 x 8 =	5 x 6 =	4 x 7 =
7 x 1 =	3 x 2 =	6 x 7 =
5 x 1 =	6 x 6 =	6 x 2 =
4 x 9 =	8 x 3 =	7 x 9 =
8 x 3 =	8 x 5 =	2 x 5 =
1 x 1 =	4 x 9 =	9 x 7 =
2 x 3 =	5 x 1 =	6 x 1 =
6 x 4 =	1 x 4 =	6 x 1 =
6 x 6 =	2 x 9 =	4 x 9 =

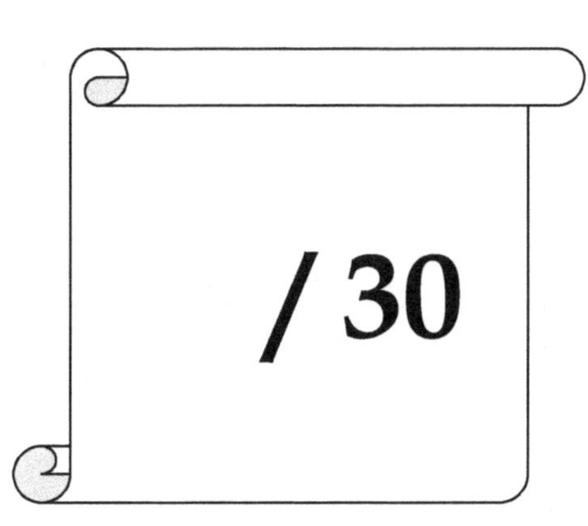

/ 30

Jour 28 : Entrainement !

8 x 7 =	7 x 3 =	6 x 4 =
9 x 5 =	9 x 1 =	1 x 7 =
2 x 1 =	8 x 1 =	1 x 2 =
6 x 5 =	9 x 9 =	8 x 7 =
3 x 6 =	5 x 2 =	7 x 4 =
6 x 1 =	4 x 2 =	8 x 5 =
4 x 3 =	2 x 9 =	6 x 3 =
8 x 2 =	4 x 2 =	6 x 4 =
1 x 6 =	4 x 3 =	6 x 5 =
6 x 4 =	3 x 8 =	9 x 4 =

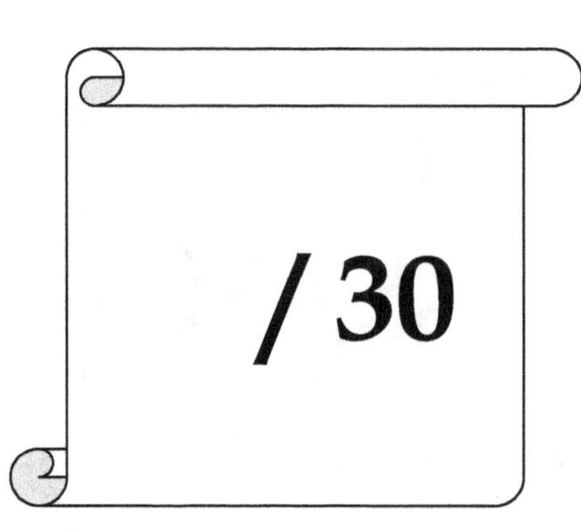

Jour 29 : Entrainement !

4 x 7 =	3 x 7 =	4 x 7 =
6 x 3 =	7 x 5 =	9 x 5 =
7 x 3 =	3 x 2 =	8 x 5 =
5 x 4 =	5 x 5 =	6 x 9 =
1 x 8 =	7 x 1 =	1 x 5 =
2 x 7 =	1 x 1 =	5 x 4 =
7 x 9 =	4 x 8 =	8 x 5 =
6 x 4 =	3 x 2 =	3 x 9 =
9 x 1 =	6 x 2 =	8 x 8 =
3 x 6 =	6 x 7 =	9 x 7 =

/ 30

5 x 6 =	2 x 5 =	1 x 9 =
7 x 9 =	8 x 5 =	1 x 9 =
1 x 3 =	1 x 5 =	2 x 5 =
2 x 3 =	6 x 1 =	8 x 5 =
6 x 1 =	5 x 3 =	1 x 1 =
7 x 7 =	5 x 1 =	4 x 4 =
8 x 9 =	8 x 7 =	6 x 4 =
4 x 5 =	1 x 2 =	1 x 3 =
4 x 1 =	4 x 2 =	3 x 2 =
7 x 9 =	1 x 4 =	5 x 9 =

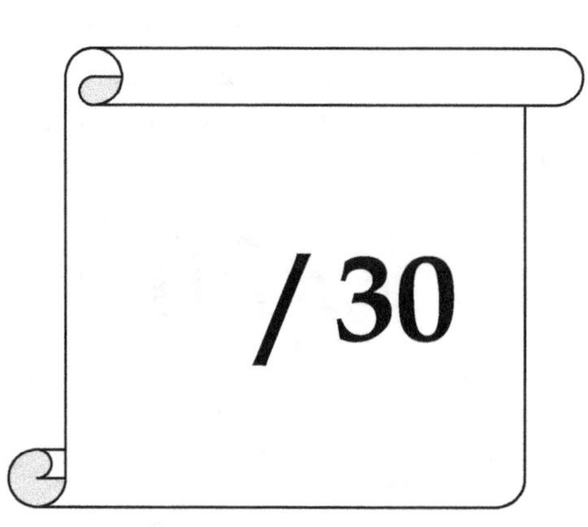

Jour 31 : Entrainement !

3 x 5 =	6 x 4 =	3 x 1 =
8 x 5 =	3 x 9 =	2 x 5 =
2 x 2 =	9 x 7 =	3 x 1 =
4 x 2 =	8 x 8 =	4 x 8 =
8 x 4 =	1 x 3 =	3 x 4 =
8 x 3 =	2 x 7 =	8 x 8 =
5 x 2 =	4 x 8 =	6 x 1 =
5 x 2 =	9 x 5 =	4 x 8 =
5 x 6 =	7 x 9 =	1 x 3 =
5 x 5 =	8 x 2 =	9 x 3 =

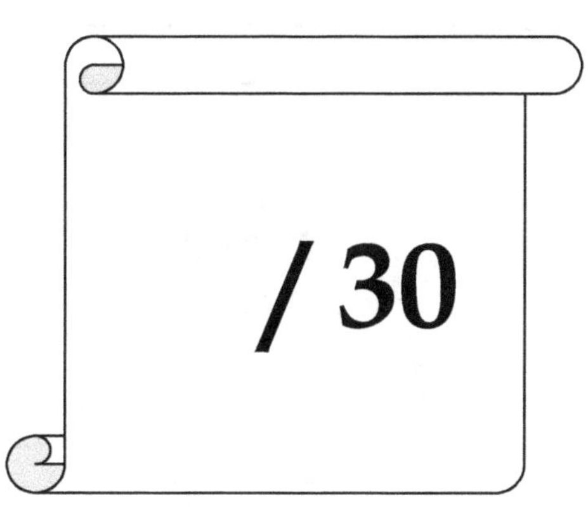

Jour 32 : Entrainement !

4 x 1 =	8 x 2 =	9 x 7 =
2 x 2 =	8 x 4 =	3 x 4 =
9 x 3 =	4 x 9 =	5 x 7 =
7 x 8 =	1 x 6 =	1 x 9 =
8 x 5 =	5 x 2 =	1 x 9 =
6 x 3 =	2 x 2 =	5 x 6 =
1 x 5 =	7 x 8 =	9 x 4 =
4 x 7 =	7 x 9 =	3 x 6 =
3 x 4 =	2 x 4 =	7 x 5 =
2 x 3 =	8 x 7 =	6 x 3 =

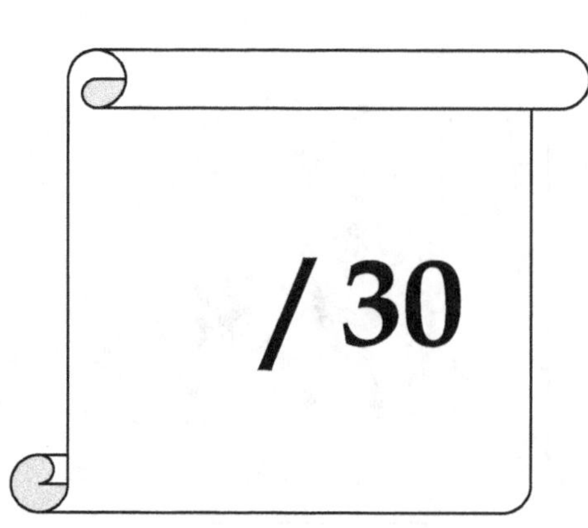

9 x 9 =	5 x 6 =	2 x 1 =
1 x 5 =	8 x 2 =	5 x 7 =
5 x 9 =	6 x 7 =	5 x 6 =
4 x 9 =	7 x 1 =	8 x 4 =
5 x 4 =	6 x 1 =	8 x 5 =
9 x 3 =	6 x 7 =	1 x 7 =
4 x 4 =	6 x 3 =	4 x 2 =
4 x 5 =	8 x 4 =	7 x 5 =
8 x 6 =	1 x 8 =	9 x 3 =
8 x 4 =	4 x 2 =	8 x 8 =

Jour 34 : Entrainement !

5 x 1 =	7 x 3 =	8 x 6 =
9 x 9 =	5 x 4 =	6 x 2 =
4 x 7 =	8 x 4 =	6 x 9 =
2 x 1 =	1 x 7 =	8 x 5 =
5 x 2 =	6 x 1 =	5 x 6 =
5 x 1 =	9 x 1 =	9 x 7 =
9 x 5 =	8 x 2 =	3 x 3 =
4 x 1 =	9 x 3 =	4 x 3 =
5 x 2 =	8 x 4 =	2 x 7 =
5 x 6 =	7 x 4 =	6 x 3 =

Jour 35 : Entrainement !

9 x 3 =	9 x 8 =	2 x 7 =
1 x 1 =	4 x 9 =	1 x 8 =
6 x 4 =	9 x 3 =	6 x 9 =
4 x 8 =	2 x 8 =	7 x 2 =
3 x 6 =	7 x 5 =	9 x 3 =
1 x 7 =	9 x 3 =	4 x 7 =
8 x 8 =	4 x 4 =	2 x 8 =
7 x 6 =	8 x 3 =	1 x 9 =
3 x 6 =	1 x 9 =	9 x 2 =
9 x 3 =	2 x 1 =	2 x 6 =

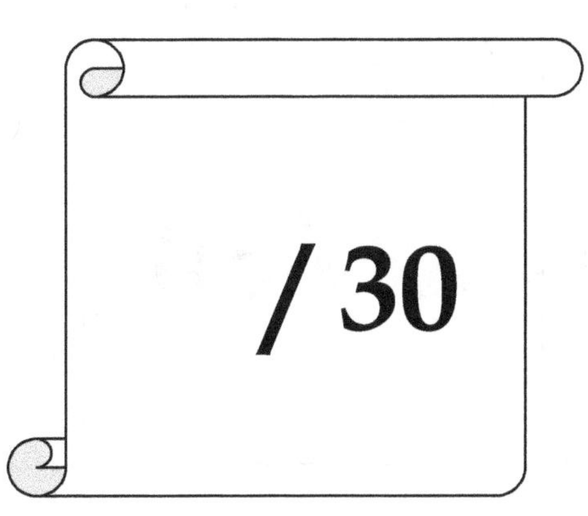

Jour 36 : Entrainement !

8 x 7 =	2 x 5 =	2 x 4 =
8 x 4 =	7 x 9 =	6 x 6 =
1 x 9 =	4 x 3 =	3 x 4 =
9 x 5 =	9 x 2 =	3 x 7 =
7 x 2 =	1 x 3 =	9 x 8 =
4 x 7 =	2 x 9 =	7 x 4 =
3 x 7 =	7 x 9 =	1 x 7 =
3 x 4 =	2 x 5 =	2 x 1 =
7 x 4 =	2 x 4 =	4 x 4 =
3 x 4 =	2 x 8 =	1 x 9 =

/ 30

Jour 37 : Entrainement !

7 x 6 =	9 x 6 =	7 x 5 =
9 x 9 =	4 x 9 =	7 x 2 =
5 x 6 =	5 x 7 =	5 x 8 =
2 x 6 =	3 x 2 =	9 x 9 =
3 x 8 =	5 x 4 =	8 x 1 =
6 x 6 =	2 x 8 =	1 x 9 =
6 x 6 =	8 x 2 =	1 x 8 =
3 x 8 =	2 x 9 =	2 x 1 =
3 x 1 =	9 x 8 =	7 x 8 =
3 x 1 =	9 x 1 =	9 x 1 =

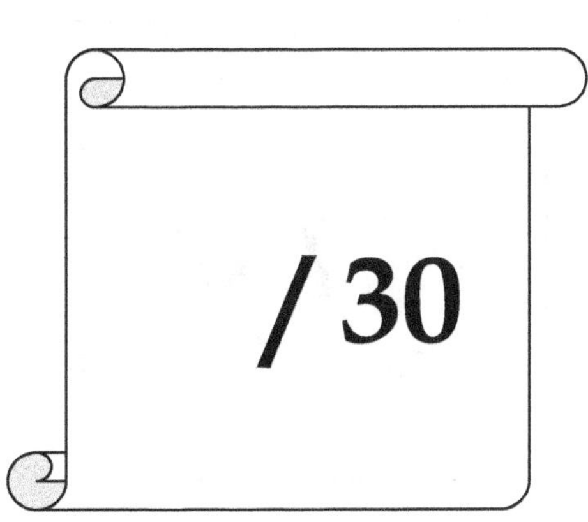

Jour 38 : Entrainement !

1 x 7 =	3 x 6 =	4 x 6 =
7 x 9 =	2 x 5 =	7 x 2 =
9 x 3 =	3 x 7 =	1 x 4 =
3 x 7 =	3 x 5 =	9 x 1 =
1 x 3 =	2 x 7 =	9 x 4 =
8 x 7 =	9 x 7 =	4 x 3 =
7 x 7 =	4 x 5 =	4 x 1 =
8 x 8 =	9 x 3 =	6 x 2 =
3 x 3 =	9 x 7 =	9 x 9 =
6 x 9 =	8 x 5 =	7 x 9 =

/ 30

Jour 39 : Entrainement !

3 x 8 =	6 x 3 =	9 x 4 =
8 x 4 =	3 x 3 =	8 x 7 =
1 x 6 =	7 x 5 =	6 x 3 =
4 x 1 =	6 x 4 =	6 x 6 =
3 x 2 =	5 x 7 =	7 x 7 =
7 x 9 =	5 x 9 =	6 x 3 =
8 x 6 =	1 x 2 =	4 x 9 =
5 x 7 =	4 x 7 =	5 x 8 =
7 x 5 =	4 x 9 =	2 x 2 =
8 x 7 =	4 x 9 =	7 x 5 =

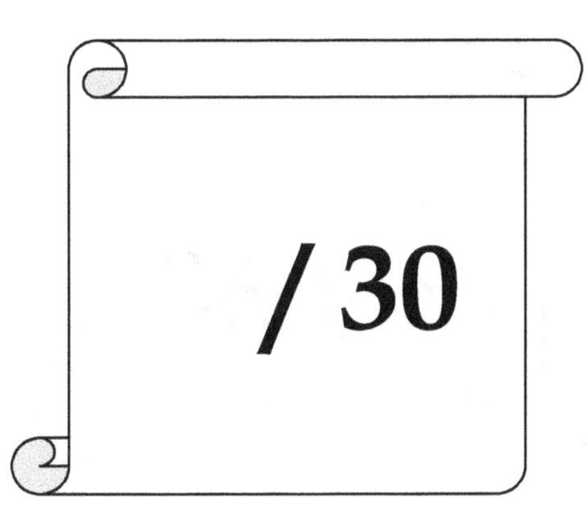

3 x 2 =	2 x 4 =	6 x 2 =
1 x 6 =	1 x 8 =	1 x 6 =
5 x 6 =	2 x 2 =	1 x 3 =
5 x 3 =	9 x 2 =	1 x 6 =
5 x 4 =	3 x 9 =	8 x 9 =
9 x 8 =	4 x 5 =	4 x 3 =
2 x 7 =	2 x 3 =	6 x 6 =
4 x 1 =	9 x 9 =	3 x 1 =
4 x 5 =	1 x 9 =	4 x 4 =
9 x 4 =	9 x 4 =	4 x 2 =

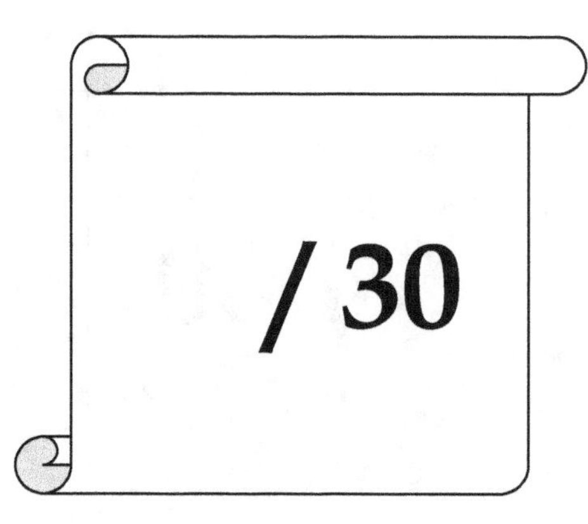

/ 30

Jour 41 : Entrainement !

7 x 9 =	4 x 1 =	1 x 6 =
4 x 9 =	5 x 4 =	6 x 4 =
5 x 1 =	7 x 6 =	4 x 5 =
9 x 6 =	3 x 6 =	1 x 9 =
9 x 9 =	7 x 8 =	7 x 7 =
2 x 5 =	9 x 4 =	2 x 6 =
5 x 4 =	6 x 7 =	8 x 7 =
6 x 3 =	7 x 3 =	1 x 5 =
1 x 8 =	1 x 2 =	2 x 2 =
2 x 6 =	7 x 4 =	4 x 1 =

Jour 42 : Entrainement !

9 x 8 =	6 x 4 =	4 x 3 =
3 x 4 =	6 x 5 =	8 x 6 =
8 x 1 =	6 x 8 =	1 x 9 =
3 x 4 =	9 x 4 =	7 x 5 =
1 x 2 =	9 x 5 =	3 x 1 =
7 x 2 =	3 x 7 =	3 x 3 =
8 x 6 =	3 x 2 =	2 x 3 =
4 x 6 =	3 x 8 =	9 x 1 =
7 x 1 =	9 x 3 =	7 x 3 =
4 x 5 =	8 x 4 =	1 x 5 =

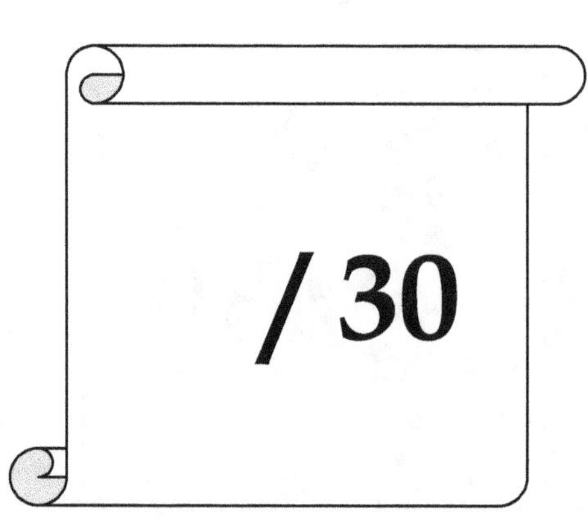

Jour 43 : Entrainement !

9 x 9 =	3 x 6 =	4 x 7 =
2 x 2 =	2 x 6 =	1 x 5 =
3 x 3 =	7 x 4 =	5 x 3 =
9 x 5 =	8 x 8 =	6 x 5 =
9 x 1 =	1 x 3 =	9 x 5 =
2 x 2 =	2 x 1 =	4 x 1 =
8 x 3 =	2 x 1 =	4 x 5 =
5 x 2 =	3 x 4 =	8 x 1 =
4 x 3 =	8 x 3 =	5 x 1 =
5 x 4 =	4 x 6 =	1 x 8 =

/ 30

Jour 44 : Entrainement !

5 x 5 =	1 x 4 =	2 x 6 =
7 x 9 =	9 x 7 =	5 x 8 =
3 x 9 =	3 x 4 =	7 x 8 =
7 x 9 =	6 x 1 =	6 x 4 =
1 x 8 =	9 x 3 =	9 x 5 =
5 x 5 =	3 x 1 =	1 x 5 =
6 x 4 =	3 x 1 =	1 x 2 =
8 x 8 =	1 x 4 =	2 x 2 =
9 x 8 =	9 x 6 =	7 x 2 =
1 x 9 =	8 x 2 =	3 x 3 =

/ 30

Jour 45 : Entrainement !

7 x 1 =	5 x 4 =	9 x 3 =
2 x 8 =	8 x 2 =	2 x 8 =
6 x 5 =	6 x 2 =	9 x 5 =
9 x 6 =	1 x 1 =	6 x 9 =
4 x 8 =	6 x 4 =	7 x 1 =
5 x 9 =	5 x 5 =	5 x 9 =
7 x 9 =	6 x 4 =	8 x 1 =
6 x 7 =	9 x 1 =	5 x 6 =
7 x 4 =	6 x 7 =	5 x 4 =
7 x 7 =	9 x 2 =	9 x 3 =

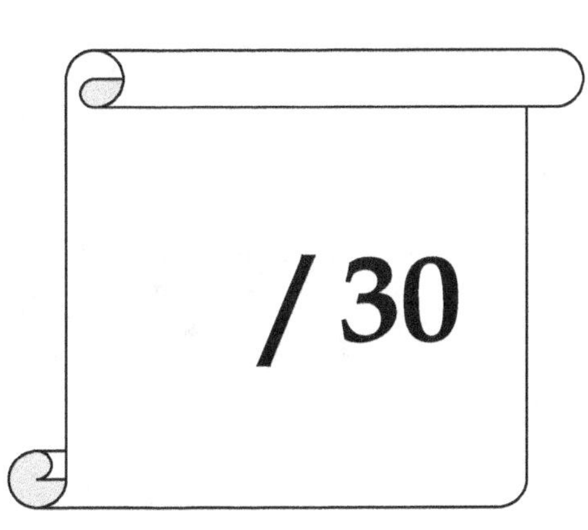

/ 30

Jour 46 : Entrainement !

2 x 7 =	5 x 5 =	3 x 1 =
6 x 5 =	9 x 6 =	5 x 9 =
1 x 1 =	7 x 1 =	2 x 5 =
5 x 7 =	4 x 6 =	2 x 8 =
8 x 2 =	2 x 4 =	8 x 8 =
1 x 3 =	8 x 2 =	5 x 9 =
9 x 9 =	9 x 4 =	5 x 6 =
7 x 3 =	1 x 6 =	5 x 9 =
3 x 6 =	2 x 7 =	4 x 2 =
7 x 1 =	5 x 7 =	8 x 5 =

Jour 47 : Entrainement !

9 x 3 =	1 x 9 =	1 x 5 =
2 x 9 =	4 x 5 =	6 x 1 =
1 x 3 =	7 x 3 =	6 x 5 =
1 x 7 =	4 x 8 =	6 x 7 =
5 x 3 =	3 x 1 =	6 x 6 =
1 x 7 =	4 x 2 =	8 x 9 =
5 x 3 =	1 x 1 =	2 x 9 =
1 x 8 =	1 x 3 =	6 x 5 =
4 x 9 =	4 x 3 =	7 x 3 =
5 x 5 =	8 x 8 =	2 x 5 =

Jour 48 : Entrainement !

8 x 6 =	9 x 8 =	2 x 8 =
8 x 8 =	4 x 4 =	7 x 1 =
1 x 3 =	8 x 9 =	5 x 3 =
8 x 3 =	1 x 3 =	8 x 9 =
9 x 8 =	3 x 8 =	9 x 4 =
2 x 1 =	4 x 8 =	1 x 3 =
4 x 7 =	6 x 3 =	9 x 5 =
6 x 2 =	1 x 8 =	5 x 3 =
7 x 2 =	4 x 9 =	7 x 2 =
2 x 8 =	7 x 8 =	6 x 1 =

/ 30

Jour 49 : Entrainement !

3 x 6 =	3 x 1 =	7 x 1 =
9 x 1 =	8 x 6 =	6 x 7 =
7 x 7 =	1 x 3 =	4 x 5 =
4 x 4 =	7 x 1 =	5 x 3 =
1 x 5 =	6 x 9 =	8 x 4 =
1 x 7 =	6 x 8 =	5 x 9 =
5 x 2 =	3 x 4 =	7 x 6 =
1 x 7 =	7 x 8 =	4 x 8 =
9 x 2 =	6 x 8 =	6 x 3 =
1 x 2 =	1 x 7 =	9 x 5 =

Jour 50 : Entrainement !

5 x 8 =	2 x 6 =	6 x 7 =
4 x 8 =	9 x 9 =	5 x 5 =
9 x 4 =	2 x 7 =	2 x 3 =
8 x 7 =	9 x 7 =	9 x 6 =
8 x 4 =	9 x 6 =	6 x 3 =
9 x 6 =	4 x 2 =	8 x 3 =
5 x 6 =	3 x 3 =	4 x 2 =
6 x 2 =	2 x 6 =	2 x 5 =
7 x 2 =	3 x 8 =	4 x 2 =
7 x 7 =	8 x 1 =	5 x 8 =

www.ingramcontent.com/pod-product-compliance
Lightning Source LLC
Chambersburg PA
CBHW081302130726
47998CB00010B/2903